Le chat de la ferme est splendide !

Conte de la Ferme

SA MAJESTÉ LE CHAT

Pascale Védère d'Auria

Pierre Couronne

Le chat de la ferme est très beau, mais il faut dire qu'il n'en finit pas de faire sa petite toilette.
A tout moment de la journée, on peut le voir se débarbouiller et se pomponner. Un coup de patte par ci, un coup de langue par là, il se pourlèche de haut en bas.

— Tiens, un miroir ! Profitons-en pour voir si mes poils sont bien peignés et mes moustaches bien lissées, s'écrie le joli mistigri.

Il se tourne et se retourne, s'examine de la pointe des oreilles jusqu'au bout de la queue.
— Avec ma bavette blanche et mon poil luisant, je suis vraiment très élégant ! songe-t-il en s'admirant.

— Saperlipopette, s'écrie la fermière, je ne suis pas si coquette !
— Nom d'un petit cochon, c'est un chat de salon ! s'exclame le fermier. Il ne pense qu'à faire le beau, se balader et réclamer des soucoupes de lait ! Ici, tout le monde travaille d'arrache-pied. La vache nous donne son lait, le mouton sa laine, la poule ses œufs, et toi, que nous donnes-tu, paresseux, à part tes beaux yeux ?

Les animaux, eux aussi, finissent par se moquer de lui.
— Dis donc, le chat, ça ne te fatigue pas trop d'être toujours au repos ? demande le bœuf d'un ton railleur.

— Dommage que tu ne frises pas, s'écrie le mouton d'un air narquois, tu serais tellement plus beau !
— Comment peut-on passer sa vie à se prélasser ! s'exclame le coq, apprends donc à chanter !
Mais le chat, fier comme Artaban, ne se soucie guère de tous ces médisants. Il continue à paresser, comme si de rien n'était.

Un jour, cependant, lassé de toutes ces moqueries, le chat réfléchit toute une nuit. Au petit matin, il décide de quitter la ferme.

— Au fond, je suis fait pour vivre en ville. Le fermier dit toujours : les citadins, ça ne fait rien ! On doit y être plus tranquille ! s'écrie-t-il en trottinant d'un pas alerte et décidé. Il paraît que, là-bas, les gens sont plus distingués. Après tout, je ne vais pas passer ma vie ici, à chasser les souris et à me faire houspiller par les fermiers !

Queue en l'air et truffe au vent, le chat chemine vers la grand-ville d'un air guilleret.

Avec son beau minois, le chat ne tarde pas à trouver un toit. A l'entrée de la ville, il est tout de suite recueilli par une petite fille. Elle le ramène chez elle, l'installe confortablement sur un coussin et lui fait un gros câlin.

Ravi, le joli mistigri ferme ses petits yeux et ronronne de bonheur : un vrai moteur !

Dans cette maison, pas besoin de se rendre utile pour mériter une bonne pâtée et quelques soucoupes de lait. Toute la journée, le chat se prélasse sur le canapé et grimpe sur les genoux pour se faire câliner. Blotti dans les bras de sa petite maîtresse, il ondule sous les caresses et mène, ma foi, une vraie vie de pacha !

Mais, à la ferme, c'est la consternation.
— Où est donc passé notre compagnon ? soupirent tous les animaux, chagrinés.

A l'automne, le chat avait l'habitude de faire de longues promenades. Avec son pelage noir et blanc, on le voyait au loin trotter dans les champs. Mais, depuis qu'il est parti, à la ferme tout le monde s'ennuie.

— Lui, au moins, il avait de la classe ! dit la truie, qui a toujours eu un petit faible pour lui.

— Il n'avait pas son pareil pour trôner au milieu de la ferme. En voilà un qui ne manquait pas d'allure ! s'exclame la poule, pour piquer au vif le maître de la basse-cour.

Maintenant qu'il fait froid, chacun reste chez soi. Mais qui ne regrette pas la présence du chat ? Pendant les frimas, il se réfugiait dans les abris de ses amis et leur tenait compagnie.

Couché dans
la paille,
il ronronnait de plaisir ou
bien les faisait
rire avec ses pitreries.

Dans la cuisine, même
les souris commencent
à trouver la vie
bien monotone !

Quant aux fermiers, installés près du vieux poêle,
ils sont très inquiets. Timothée, leur petit garçon,
est bien malade.
Tous les jours, le docteur vient le soigner.

Dès qu'il apprend
la nouvelle, le chien
fidèle accourt à fond
de train et bondit au
chevet de Timothée.

— Que puis-je faire pour toi ?
lui demande le chien.
— Je voudrais que le chat revienne.
Je l'aimais bien. Chaque matin, il venait me réveiller en passant sa petite langue râpeuse sur le bout de mon nez !
— Où est donc passé ce sacré mistigri ? s'écrie le chien en se creusant la tête.
— Il a dû partir à la ville, répond Timothée. Je crois qu'il voulait changer d'air. Toi qui as du flair, peux-tu le retrouver ?
Aussitôt, le chien part au grand galop.

Arrivé à la ville, le chien commence à mener son enquête.
— Avez-vous vu un chat noir avec une bavette blanche ? demande-t-il aux chiens qu'il croise en chemin.
— Bien sûr que non ! grogne un énorme bouledogue.
— Moi, je crois que je l'ai vu ! dit un petit basset en remuant sa queue frénétiquement.

Plein d'espoir, le chien s'élance alors dans la direction que lui a indiquée le basset. En passant devant une maison, qu'aperçoit-il dans l'embrasure de la porte ? Le petit mistigri, tout surpris !

— Ça alors ! Comment as-tu fait pour me retrouver ! s'exclame le chat, stupéfait. Félicitations : tu ferais un excellent chien policier. Mais, dis-moi, pourquoi es-tu venu me chercher ?

Le chien explique en deux mots la raison de sa visite.

— Timothée est malade et il te réclame, dit-il en l'implorant du regard.

Naturellement, le chat se fait tirer l'oreille.

C'est bien la première fois qu'on a besoin de lui ! Après s'être bien fait prier, le chat se décide enfin :

— D'accord, je te suis. Mais c'est bien pour faire plaisir à Timothée !

En vérité, le chat est bien content. A la ville, le grand air lui manque et il commence à s'ennuyer... Il est déjà tout excité à l'idée de gambader dans les prés !

A son retour, le chat reçoit un accueil triomphal.
— C'est le chat ! C'est le chat ! s'écrie Timothée, la mine réjouie.
Et, tout heureux, il agite le bras, juché sur les épaules de son papa.
En l'espace d'une journée, Timothée est remis sur pied. Comme si le chat l'avait guéri d'un coup de baguette magique !

Maintenant, les deux amis sont inséparables.
Ils s'amusent comme des fous du matin au soir.

A la ferme, le chat continue à mener sa vie de pacha. Entre deux petites toilettes, il s'étire comme un lézard au soleil et paresse au milieu des prés.
Tandis que chacun va et vient, lui ne fait rien. Mais plus personne ne s'en plaint. Il se contente de ronronner, sous l'œil amusé des petites souris qu'il ne songe même plus à pourchasser !